CONSULTATION

POUR

LE MARÉCHAL NEY,

Sur la Question de savoir si les Maréchaux de France sont justiciables des Conseils de Guerre,

CONSULTATION

POUR LE MARÉCHAL NEY,

Sur la Question de savoir si les Maréchaux de France sont justiciables des Conseils de Guerre.

LE CONSEIL SOUSSIGNÉ, consulté par le Maréchal Ney sur la question générale de savoir si, dans l'état actuel de notre législation, un Maréchal de France peut être traduit devant un Conseil de Guerre,

EST D'AVIS qu'un Conseil de Guerre serait, à tous égards, incompétent pour juger un Maréchal de France.

La question offerte à notre examen est une question de droit public; elle tient à l'ordre des jurisdictions; elle tend à fixer, sur un point capital, les droits de la classe la plus émi-nente de nos chefs militaires, les premiers soutiens de l'honneur des armes françaises. Ce n'est point dans la convenance de tel ou tel d'entre eux qu'on doit la considérer, c'est dans l'in-térêt de tous. Il faut oublier toute cause individuelle pour ne voir que la cause générale de tous ceux qui, dans le tems pré-sent et dans les tems à venir, seront revêtus de cette grande dignité; et c'est sous ce rapport, si digne d'une sérieuse at-tention, que nous allons essayer d'approfondir et de résoudre cette importante question.

A.

» la moitié de son traitement. Il ne les perd que par un
» jugement de la Haute-Cour impériale. »

Enfin l'article 101 nous dit qu'en matière de délits, ils ne
sont justiciables que d'une Haute-Cour.

« Une Haute-Cour impériale connaît, 1°. des délits per-
» sonnels commis par des membres de la famille impériale,
» par des titulaires des grandes dignités de l'Empire, par
» des Ministres et par le Secrétaire d'État, *par des Grands-*
» *Officiers*, par des Sénateurs, par des Conseillers d'État. »

Ainsi, Grands Officiers de la Couronne;

Inamovibles,

Justiciables d'une Haute-Cour,

Tels étaient les honneurs et les attributs des Maréchaux de
France, tels étaient leurs juges naturels au moment où le Roi
les a maintenus par sa Charte dans ces diverses attributions.

A la vérité, le Sénatus-Consulte qui les leur avait confé-
rées, s'est anéanti avec le gouvernement impérial dont il
contenait l'organisation; et l'on regrette de rappeler un acte
qui a été, pour la France, le principe de tant de désastres;
mais il le faut bien dans le sujet que nous traitons; car,
à l'égard des Maréchaux de France, ce qui concerne, dans
cet acte, leur titre, leurs honneurs et leurs juges naturels,
est toujours censé existant, et existe réellement en vertu de
la Charte qui leur en a confirmé l'attribution.

Au reste, le Sénatus-consulte est assez indifférent. Ce ne
sont pas des prérogatives nouvelles dont il a décoré les Mé-
réchaux : il n'a fait que reconnaître et remettre en vigueur
les attributs qui, dans tous les siècles antérieurs, avaient été
inhérens à leur dignité, et sans lesquels même il est impossible de concevoir qu'elle puisse être une dignité. Dès-lors,
ce n'est plus du Sénatus-Consulte que ces grades émmens
emprunteront leurs honneurs et leurs droits, mais de leur
seul titre. Le Sénatus-Consulte n'est plus qu'un intermédiaire

oiseux et superflu ; et le Souverain légitime, en paraissant le maintenir, pour ce qui concerne les Maréchaux, n'a réellement confirmé que ce qui existait sous la Monarchie.

Il faut donc voir ce qu'étaient les Maréchaux, ce qu'ils ont toujours été sous nos Rois ; et si, de cette recherche, il résulte que l'acte qui les a rétablis en floréal an 12, ne leur a conféré que les honneurs et priviléges dont ils avaient joui de tout tems, il sera bien évident que le Roi, en leur conservant ces honneurs et priviléges, n'a fait autre chose lui-même que de les maintenir dans leur ancien état.

Entrons dans cet examen.

L'ORIGINE des Maréchaux de France remonte aux tems antérieurs à l'époque où la dynastie régnante est montée sur le trône. Ils ne furent d'abord que les lieutenans du Connétable, commandant les armées sous ses ordres. Ils devinrent ensuite ses adjoints et coadjuteurs, partageant ses fonctions et ses honneurs. Enfin, à mesure que la place de Connétable resta vacante pendant de longs intervalles, et après sa suppression définitive en février 1627, ils se trouvèrent exclusivement investis du rang, des priviléges et des droits de cette première dignité militaire.

Sous ce premier rapport, le titre de Maréchal de France n'était pas seulement un grade et une dignité; il constituait de plus un des premiers offices de la couronne, et c'est ainsi qu'il a toujours été considéré.

Loiseau, dans son *Traité des Offices de la Couronne*, n°. 56, explique l'origine et les progrès de celui de Maréchal de France.

« D'autant, dit cet auteur, que fort souvent les Rois
» (soupçonnant le trop grand pouvoir des Connétables, de
» peur qu'ils ne fissent comme les Maires du Palais) laissaient
» cet office vacant et comme supprimé; les Maréchaux de
» France ont cependant pris la première autorité de la guerre,

» et se sont ainsi faits Officiers de la Couronne, ne faisant en-
» semble qu'un corps et un collége, *comme membres joints et*
» *unis*, dit l'ordonnance de 1547; qualité qu'ils n'ont point
» quittée, lorsqu'il y a eu de rechef des Connétables au-dessus
» d'eux ».

Un autre auteur a même été plus loin. Il prétend que leur
existence a précédé celle du Connétable, et il appuie son opinion de faits historiques : c'est Boucheuil qui, dans sa *Bibliothèque du Droit français*, page 665, s'exprime en ces
termes : « La dignité des Maréchaux n'a pas été, *autrefois*,
» réputée moindre (que celle de Connétable), vu que, dès
» le tems des Mérovingiens, les premiers et les plus grands
» Seigneurs y étaient employés; et il y a près de huit cents ans,
» que, sous le roi Charles-le-Chauve, Robert d'Anjou en eut
» la provision, étant connu par nos histoires que la charge
» des Maréchaux est plus anciennement en France, et a tou-
» jours été plus honorable et plus certaine que celle des Con-
» nétables, qui n'ont été introduits que depuis Hugues-Capet,
» et plutôt extraordinairement que par continuation d'un
» office ordinaire «.

Au reste, quand on ne les considérerait que comme ayant
partagé d'abord et occupé seuls ensuite le rang de Connétable, cette origine est assez belle, et la qualité de Grands
Officiers de la Couronne qu'elle leur imprime est assez cons-
tante, pour qu'il ne soit pas besoin de leur chercher une plus
grande illustration.

A ce titre de Grands Officiers de la Couronne, de représentans du Connétable, ils marchaient sur la même ligne
que les Pairs de France, siégeant comme eux, et à la même
place, à la Cour des Pairs. Dans les plus grandes solennités
qui rassemblaient cette Cour auguste, sous la présidence du
Monarque; dans ces pompes extraordinaires connues sous le
nom de *Lits de Justice*, on les trouve occupant le même

rang que les Ducs et Pairs, assis à côté d'eux. Les mémoires du tems attestent que dans le 17e. siècle, sous Louis XIII et Louis XIV, ce cérémonial fut toujours observé, et nous avons sous les yeux un recueil contenant la presque totalité des nombreux *Lits de Justice* tenus dans le dernier siècle sous Louis XV et Louis XVI (1), dans tous lesquels les Maréchaux de France se trouvent constamment à côté des Ducs et Pairs. On peut remarquer encore que nos Rois les honoraient du titre de *Cousins*, qualification qui n'était accordée qu'aux Princes et aux Ducs et Pairs.

On les voit aussi siéger au Conseil d'Etat, comme Grands Officiers de la Couronne, dans les circonstances graves qui exigeaient le concours des principaux personnages de l'Etat. C'est ainsi, qu'après l'assassinat de Henri III par Jacques Clément, ils paraissent dans l'arrêt du Conseil du 8 novembre 1589, qui renvoya le jugement de ce régicide au Parlement,

---

(1) Le premier de ces lits de justice est celui du 12 septembre 1715, où la régence fut conférée au Duc d'Orléans.

Le dernier est celui du 6 août 1787, où le Garde des Sceaux Lamoignon fit enregistrer les deux édits du timbre et de la subvention territoriale; enregistrement qui fut suivi des protestations du Parlement, puis de son exil à Troyes, puis de la convocation des Etats-généraux, puis de notre funeste révolution.

Dans les procès-verbaux de ces grandes cérémonies, on indiquait avec soin la place occupée par les divers personnages, afin de conserver à chacun ses droits et son rang.

Dans celui relatif à la régence du Duc d'Orléans, après l'énumération des pairs laïcs et ecclésiastiques, on lit : « et, *sur ce qui restait du banc, et sur* » *un autre qui avait été mis devant*, les Maréchaux d'Estrées, de Chateau- » renaud, d'Huxelles, de Tessé, de Tallard, de Matignon, de Bezans, de » Montesquiou, venus avec le Roi. » Il en est de même dans les autres procès-verbaux : ils constatent tous que les Maréchaux de France étaient assis sur le même banc que les Pairs.

lors transféré à Tours. Cet arrêt est rapporté par Laroche-flavin eu son Traité des Parlemens de France, Liv. 13, Chap. 19. On y lit : *Le Roi séant en son Conseil, auquel étaient plusieurs Princes de son sang et autres ; Messieurs les Maréchaux de France ; autres Officiers de la Couronne, et autres Seigneurs de ce Royanme.*

Ainsi, Grands Officiers de la Couronne, placés au même rang que les Ducs et Pairs ; tel est le premier attribut qu'on doit remarquer dans les Maréchaux de France jusques en 1792.

Un autre caractère de leur charge était l'inamovibilité.

Si l'on en croit le président Hénaut, cette inamovibilité ne commença que sous François Ier. (1). Il paraît certain, cependant, qu'elle existait déjà depuis plusieurs siècles. Elle avoit même servi de prétexte à quelques Maréchaux pour élever la prétention d'hérédité ; mais il fut jugé que leurs offices étaient seulement à vie, sans être héréditaires. C'est ce qui résulte d'un arrêt de 1361, rapporté par Bodin, dans sa République, liv. 3, pag. 323, en ces termes : « Et d'autant » qu'il y aurait certains Maréchaux de France qui voulaient » continuer leurs états en leurs successeurs, ils en furent » déboutés par arrêt donné en Parlement le 23 janvier 1361, » comme il se trouve ès registres de la Cour, où il est expres-» sément dit que les états des Maréchaux de France *sont* « *du Domaine de la Couronne, et l'exercice octroyé aux* » *Maréchaux tant qu'ils vivraient.* »

Ce qui distinguait sur-tout la dignité des Maréchaux, c'est

---

(1) « Jusqu'au règne de François Ier., ce n'étaient que des Commissions, » et il n'y en avait que deux à-la-fois. François Ier. les créa à vie ; et les » grandes guerres qu'il eut à soutenir firent que ce Prince en créa jusqu'à » quatre. Le nombre n'en fut plus fixe par la suite ». Histoire de France, règne de François Ier., colonne *Guerriers*.

la jurisdiction qui leur appartenait en propre, et qu'ils exerçaient en leurs noms et par leurs Prévôts, au criminel, sur toute la France ; et au civil, dans toutes les matières relatives au fait de la guerre. Le centre de cette juridiction résidait dans un Tribunal connu sous le nom de *Connétablie et Maréchaussée de France*, dont le siège était à Paris, dans la même enceinte que la Cour des Pairs.

Montesquieu, dans son Esprit des Lois, liv. 3o, chap. 18, dit que, « C'est un principe constant de la Monarchie que » ceux qui étaient sous la puissance militaire de quelqu'un, » étaient aussi sous sa jurisdiction civile ». C'est de ce principe que dérivait la jurisdiction des Maréchaux.

Comme commandant en chef les armées, ils se trouvaient investis de la jurisdiction militaire sur tous les gens de guerre, soit dans les camps, soit dans les garnisons. Par suite, ils furent chargés spécialement de réprimer et punir les désordres que les gens de guerre pouvaient commettre dans les campagnes ; et de là est résultée enfin cette jurisdiction prévôtale étendue par les ordonnances de nos Rois sur tous les vagabonds et voleurs de grand chemin, et à main armée ; jurisdiction qui contribuait si puissamment à maintenir la sûreté publique, et dont on doit peut-être regretter l'abolition (1).

Les attributions de ce double pouvoir judiciaire au civil et au criminel, ont été fixées avec une grande latitude dans une foule d'ordonnances, notamment celles du roi Jean, de 1355 et 1356 ; de Henri II, des 16 juin 1547, et 5 février 1549 ; de Charles IX, du 3 août 1573, et de Louis XIV, en janvier 1660 (2).

---

(1) L'article 63 de la Charte réserve et fait espérer son rétablissement.

(2) Voyez le Recueil de Fontanon, tom. 1, Liv. 10, titre *des Prévôts*,

De

De plus, l'ordonnance criminelle de 1670 avait fixé, par son article 12, titre 1er., leur jurisdiction, en matière de délit, en ces termes remarquables : « *Les Prévôts de nos cousins* » *les Maréchaux de France*, les Lieutenans criminels de » robe courte, les Vice-Baillifs et Vice-Sénéchaux, connaî- » tront, en dernier ressort, de tous crimes commis par va- » gabonds, gens sans aveu et sans domicile, ou qui auront » été condamnés à peine corporelle, bannissement ou amende- » honorable; connaîtront aussi des oppressions, excès ou » autres crimes commis par gens de guerre, etc..... »

Observons encore, sur ce pouvoir judiciaire, que, même dans les tems anciens, il s'élevait jusqu'à celui de faire grâce, droit qui ne peut exister que dans la personne du souverain; et, ce qu'il y a de plus étonnant, c'est que ce pouvoir exces- sif n'était pas contesté aux Maréchaux. Nous trouvons, dans le *Recueil des Ordonnances du Louvre*, des lettres-patentes du 13 mars 1359, adressées par Charles, régent de France, au Parlement de Paris, dans lesquelles les lettres de grâce et de rémission émanées du *Régent* et des *Maréchaux*, sont placées sur la même ligne; le Régent recommande au Parle- ment de n'y avoir égard que dans le cas où les unes et les autres seraient fondées sur cause légitime (1).

---

des Maréchaux, et la Conférence des Ordonnances, par Guénois, Tom. 1, Tit. 17, *du Connétable et des Maréchaux de France. Voyez* aussi la Nou- velle Collection de Denisart, par Camus et Baiard, au mot *Connétablie*.

(1) Voici le texte : « Se par aucune aventure, par importunité de requé- » rans.............. Nous ou nos *Lieutenans, Connestables, Mareschaux*, » Mestres des arbalestriers ; avons fait, ont fait au tems passé, faisons ou » fassent au tems à venir, aucunes remissions, graces, dons ou pardons, soit » en cas civil ou criminel, qui ayent été ou soient octroyés et passés *sans* » *cause juste et raisonnable*.............. Nous voulons et vous deffendons

B

Une autre circonstance qu'il ne faut pas omettre, c'est le caractère particulier et distinctif de cette jurisdiction. Elle était tellement inhérente à l'office des Maréchaux, qu'elle formait en leurs personnes, une sorte de propriété féodale dont ils portaient foi et hommage au Roi. « Les Connétables et Ma-
» réchaux de France, disent MM. Camus et Bayard (1), te-
» naient autrefois la jurisdiction *comme un fief faisant partie*
» *du Domaine de la Couronne ; ils en faisaient hommage au*
» *Roi*, lors de leur prestation de serment. Leferon, dans son
» *Histoire des Connétables et des Maréchaux*, en cite des
» exemples en 1424, 1631, 1637 et 1655 ». Ainsi, cette juris-
diction leur appartenait au même titre que celle des Seigneurs hauts-justiciers dans leurs Seigneuries, avec cette différence que, bien-plus vaste dans ses attributions, elle s'étendait au criminel sur toute la France, et bien autrement puissante dans ses effets, elle s'exécutait souverainement et sans appel.

A la vérité, les Maréchaux qui, dans le principe, exerçaient, par eux-mêmes, ce grand pouvoir, furent obligés à l'instar des Seigneurs hauts-justiciers, d'y préposer des Officiers de justice ; mais le caractère primitif de la jurisdiction ne subsis- tait pas moins, de même que celui des justices seigneuriales. Les jugemens continuaient à se rendre en leur nom au Tri- bunal de la Connétablie ; ils pouvaient y siéger ; ils avaient droit de le présider, et leurs Prévôts siégeaient et opinaient aussi dans les jugemens prévôtaux rendus par les juges des présidiaux (2).

» étroitement que aux lettres patentes ou clauses qui en soient ou seront faites
» et scellées................. *Signées de notre propre main* ou autrement.........
» Vous n'y obéissiez en aucune manière. » Ordonnances du Louvre, tom. 4, pag. 725.

(1) Nouvelle Collection de Denisart, au mot *Connétablie*, §. 1er. n°. 3.

(2) Voy. la même Collection, au mot *Connétablie*, §. 1er. n°. 6, et le Répertoire de Jurisprudence de Guyot, au mot *Prévôt*.

Quoique ce pouvoir jurisdictionnel se soit englouti dans la destruction générale qui a bouleversé toutes les anciennes Cours et Tribunaux pour faire place à l'ordre judiciaire actuel, il était nécessaire cependant de fixer les idées sur ce point important, parce qu'il se lie à celui qui consiste à déterminer de quel tribunal les Maréchaux étaient eux-mêmes justiciables.

D'APRÈS l'exposé que nous venons de faire des divers attributs de leur haute dignité, il paraîtra sans doute difficile de croire que les Chefs de nos armées, les Représentans du Connétable, les Guerriers revêtus d'un titre illustré par tant de victoires, occupant auprès du Trône et dans la Cour des Pairs le rang des premiers personnages de l'État, marchant en un mot les égaux des Ducs et Pairs, n'eussent pas eu, comme eux, le droit de n'être jugés que par la Cour des Pairs.

L'histoire, il est vrai, n'offre aucun exemple d'un Maréchal de France qui ait été mis en jugement devant la Cour des Pairs; mais, pourquoi? C'est que les exemples de Maréchaux accusés sont, eux-mêmes très-rares, et que, lorsqu'il s'en est présenté quelques-uns, on a eu soin de prendre la même mesure que celle qui a été employée à l'égard de plusieurs Ducs et Pairs eux-mêmes; c'est-à-dire de les soustraire à leur Tribunal légal pour les livrer au jugement d'une commission.

Dans l'espace de plus de huit siècles écoulés sous le gouvernement de la troisième Race de nos Rois, on ne trouve que quatre Maréchaux, non revêtus de la Pairie, qui aient été mis en jugement; savoir : le Maréchal *Gié*, en 1505; le Maréchal *Biez*, en 1551; le Maréchal *Marillac*, en 1632, et le Maréchal *Lamothe-Houdancourt*, en 1647; et tous quatre ont été traduits devant des Commissions. Quel en a été le résultat? Des condamnations que l'histoire a marquées du sceau de sa réprobation, et de vives réclamations par les accusés, et par les Cours souveraines qui n'ont jamais cessé de lutter contre ces abus du pouvoir.

Le tems nous a dérobé la trace des efforts que durent faire les Maréchaux *Gié* et *Biez*, pour être rendus à leurs juges naturels. Ils furent tous les deux condamnés. Mais que l'on consulte ce que dit Dargentré, à l'égard du premier, dans ses *Chroniques de Bretagne* ; à côté des grands éloges qu'il donne à la Reine Anne de Bretagne, il la blâme de s'être montrée trop vindicative envers le Maréchal *Gié*.

Le Maréchal *Biez* ne fut que dégradé, et ne survécut que deux mois. Vervins, son gendre, fut décapité ; mais six années après, on découvrit qu'ils avaient été condamnés sur la déposition de trois faux témoins, et la procédure fut annullée (1).

Marillac, poursuivi par le Cardinal de Richelieu, récusa les Commissaires. Le Parlement de Paris accueillit sa réclamation. « L'arrêt du Parlement fut cassé par arrêt du » Conseil (dit le Président Hénaut, année 1632), et le Pro- » cureur général Molé décrété d'ajournement personnel et » interdit. » La Commission avait admis Marillac à la preuve de ses faits justificatifs. Le jugement fut cassé et la Commission dissoute. Le Cardinal en établit une autre dans sa propre maison de Ruel, et Marillac fut condamné.

Lamothe-Houdancourt a été plus heureux ; il fut acquité : mais il n'en avait pas moins réclamé contre l'incompétence de ses juges. Un arrêt du Parlement de Paris du 31 août, 1647, avait évoqué la connaissance de son procès. Dans la requête sur laquelle cet arrêt a été rendu, l'accusé soutenait qu'*ayant été honoré de la charge de Maréchal de France*

---

(1) Histoire de France par Villaret, tom. 26, page 20.

et de la dignité de Duc (1), il ne peut avoir, en ces qualité,
autres juges que la Cour qui est le Parlement des Pairs,
Ducs et principaux Officiers de la Couronne (2).

En mettant de côté le fait illégal de ces Commissions, consultons le droit; voyons par quel tribunal les Maréchaux que nous venons de citer auraient dû être jugés, si l'instruction de leur procès eût suivi le cours régulier de l'ordre judiciaire.

C'est la loi qui va parler ici.

Tout gentilhomme avait droit alors de n'être jugé, au criminel, que par les magistrats réunis de la Grand-Chambre et de la Tournelle du Parlement. Ce privilége, reconnu par l'article 38 de l'ordonnance de Moulins de 1566, avait été consacré par l'article 21 du titre 1er. de l'ordonnance de 1670.

« Les ecclésiastiques, porte cet article, les *gentilshommes*
» et nos secrétaires, pourront demander, en tout état de cause,
» *d'être jugés toute la Grand-Chambre du Parlement où le*
» *procès sera pendant, assemblée* ».

Un privilége plus relevé devait naturellement appartenir à ceux qui, à la qualité de nobles, joignaient une prééminence d'office ou de dignité. Le principe l'exigeait; et ce principe, posé par les lois même que nous venons de citer, était en effet observé; il était reconnu comme constant que les membres des Cours souveraines, les présidens et conseillers au Parlement, avaient le droit d'être jugés non-seulement par la Grand-Chambre et Tournelle assemblées, mais par la réu-

---

(1) Ce n'était pas un Duché pairie.

(2) Un imprimé de cet arrêt se trouve à la Bibliothèque du Roi, dans un recueil de pièces concernant les Maréchaux de France.

nion de toutes les chambres du Parlement. Or, si ce droit existait en la personne des officiers des Cours souveraines, à plus forte raison ne pouvait-on le refuser aux Officiers de la couronne revêtus des plus grandes dignités.

Enfin, ceux qui jouissaient des honneurs de la Pairie, avaient encore un droit de plus, celui de réunir les Ducs et Pairs aux magistrats de toutes les Chambres assemblées.

Tel était donc l'ordre de solennité observé dans le jugement des procès criminels ;

Pour toute personne noble, la Tournelle et la Grand-Chambre réunies ;

Pour les officiers des Cours souveraines et officiers de la couronne, toutes les Chambres assemblées ;

Pour les membres de la pairie, la convocation des Ducs et Pairs réunis à toutes les Chambres.

On ne contestera pas le premier et le dernier degré de cette hiérarchie : le premier résulte de lois précises ; le dernier est également fondé sur une multitude d'ordonnances, il est attesté par un usage constant (1), et de plus, il a été consacré par la Charte, article 34.

Reste donc à établir le degré intermédiaire ; et nous pouvons dire qu'il l'est déjà, par la seule raison que les deux autres sont constans, parce qu'il dérive des mêmes lois, des mêmes principes.

Nous ajouterons que c'était un point de doctrine sur lequel tous les auteurs sont d'accord, et que les arrêts

---

(1) Nous avons été témoins de nos jours du procès du Duc d'Aiguillon, en 1770, et de celui d'entre le Maréchal de Richelieu et la dame St.-Vincent, en 1777. Tous deux furent instruits, et le dernier jugé par les Ducs et Pairs, réunis aux assemblées des Chambres. Le Roi Louis XV assista même à plusieurs séances et délibérations sur le procès du Duc d'Aiguillon.

ont consacré dans toutes les circonstances qui se sont présentées.

La Roche-Flavin, dans son *Traité des Parlemens*, liv. 10, chap. 32, s'explique en ces termes : « Les Messieurs du Par-
» lement ont ce privilége de n'être jugés que *par le Parlement*
» *même en corps, et les Chambres assemblées*, aussi bien que
» les Princes du sang et Pairs de France ».

Bornier, en son *Commentaire* sur l'article 21, tit. 1er. de l'ordonnance de 1670, atteste aussi « que le privilége des
» Conseillers du Parlement est encore plus considérable (que
» celui des nobles), *car ils ne peuvent être jugés que toutes*
» *les chambres du Parlement assemblées* ».

Leprestre, en ses *Questions notables*, 1re. centurie, chap. 80, fait sur cet objet une discussion assez intéressante ; et il termine ainsi : « Nous observons inviolablement ce privilége
» qu'il n'est loisible à aucun juge de connaître ou décerner
» en cause capitale, et où il va de l'honneur ou de la vie
» d'un conseiller de la Cour, qu'*au Parlement même, et*
» *toutes les Chambres assemblées*; et, bien qu'il ne s'en trouve
» aucune ordonnance écrite, si est-ce que l'usage et la pra-
» tique a toujours été telle depuis l'établissement du Parle-
» ment, et toute ordonnance au contraire de ce rejettée et
» refusée ».

On pénètre aisément les motifs qui avaient fait établir cette plus grande solennité. C'est, ainsi que le disent les auteurs, parce qu'il serait contre toute raison que le Magistrat supérieur fût dans le cas d'être privé de l'honneur et de la vie par les juges inférieurs qu'il aurait pu soumettre à son propre jugement. C'est aussi parce que plus un personnage est élevé en dignité, et obligé par là de se rendre irréprochable, plus il importe, quand il a cessé de le paraître, de donner un plus grand exemple par une plus grande solennité. C'est, enfin, parce que dans les accusations dirigées contre celui qui tient par de grandes relations aux classes les plus distinguées, les préventions sont plus sujètes à se manifester, soit en sa faveur, soit contre lui; et que, par cette raison, il importe encore de donner à l'accusé, pour sa justification, et à la société, pour la vindicte publique, la garantie la plus étendue; garantie qui résidait éminemment dans toutes les chambres assemblées des Parlemens.

Voilà pour la doctrine. Voyons maintenant les arrêts.

Leprêtre, au chapitre que nous venons de citer, en rapporte un qui prouve avec quelle fermeté les anciens Magistrats savaient résister aux abus du pouvoir.

« Du tems de Charles VI, dit-il, et pendant le gouverne-
» ment de messieurs ses Oncles, ayant été porté au Parle-
» ment un édit par lequel la connaissance et le jugement des
» Conseillers de la Cour, et des fautes par eux commises, étaient
» attribués aux quatre grands Présidens, lesdits Présidens re-
» fusèrent cette commission, estimant être indigne et indécent,
» *conscriptum nisi comitiis maximis existimationis, ad dignita-*
» *tis causam dicere;* et, par arrêt du 17 février 1406, il fut
» dit qu'on n'aurait point d'égard à cette ordonnance. »

L'annotateur de Leprêtre en cite un autre qui offre l'exemple formel d'un procès jugé par l'assemblée des chambres. Nous transcrivons la note : « Le fils du Président de Cadaillac,
» Conseiller aux enquêtes du Parlement de Bordeaux, fut
» accusé d'un meurtre, et son procès étant fait par défaut
» et contumace, il fut condamné à être exécuté en effigie *par*
» *toutes les chambres du Parlement de Paris assemblées.* »

Un exemple plus remarquable se présente encore.

Nous n'avons point placé le Maréchal d'Ancre dans le petit nombre des Maréchaux mis en jugement depuis Hugues Capet jusqu'à ce jour, parce qu'en effet il n'a été, pendant sa vie, l'objet d'aucune accusation. Mais il s'était rendu si coupable et si odieux, qu'après sa mort, on jugea convenable de faire

le

le procès à sa mémoire. A ce moment, aucun pouvoir n'avait intérêt d'éluder le tribunal légal; rien ne mit obstacle au cours régulier de la justice, et qu'en résulta-t-il? Que le procès fut instruit et jugé par le Parlement de Paris, *les chambres assemblées.*

Il existait alors, dans les Parlemens, une *Chambre de l'Édit,* établie, en vertu des édits de pacification, pour juger les procès des religionnaires. L'arrêt du 8 juillet 1617, qui proscrivit la mémoire du Maréchal d'Ancre, porte qu'il a été rendu *par les Grand'-Chambre, Tournelle, et de l'Édit, rassemblées* (1).

A ces arrêts, il faut nécessairement joindre les réclamations des accusés et celles des Parlemens, dans toutes les circonstances où, par des établissemens de commissions, les formes légales ont été violées. Les arrêts émanés du Parlement de Paris, pour revendiquer le procès de Marillac et celui du Maréchal Houdancourt, ne sont pas moins expressifs que ceux qui ont condamné le fils du Président Cadaillac, et la mémoire du Maréchal d'Ancre. Cet ensemble embrasse toutes les espèces qui se sont présentées.

Il est donc incontestable que jusqu'en 1790, époque de l'abolition des Parlemens, un Maréchal de France ne pouvait être jugé que par toutes les Chambres assemblées de ces Hautes-Cours souveraines.

S'il n'avait pas, ainsi que les Ducs et Pairs, le privilége d'exiger l'adjonction des membres de la Pairie, du moins ne pouvait-il être circonscrit dans le cercle commun à tous les nobles, celui de la Tournelle et de la Grand'Chambre réunies; du moins devait-il, et par la dignité de son titre et par celle

______

(1) Un imprimé de cet arrêt se trouve à la Bibliothèque du Roi, au Recueil déja cité.

C

de ses attributs, être assimilé aux Conseillers du Parlement, et jouir, comme eux, d'un Tribunal composé de l'assemblée de toutes les Chambres.

Maintenant que les droits des Maréchaux de France sur le Tribunal dont ils étaient justiciables à l'époque de la suspension de leur dignité, se trouvent établis, revenons au point d'où nous sommes partis au commencement de cette discussion.

Par une disposition générale, l'article 69 de la Charte a conservé à tous les Officiers *leurs grades et leurs honneurs*.

Le grade des Maréchaux, c'est leur titre, c'est leur dignité de Maréchal de France.

Leurs honneurs, ce sont tous les priviléges honorables attachés à cette dignité et inhérens à la personne de ceux qui en sont revêtus.

Il n'y a point à équivoquer sur ce mot *honneurs*. Sans doute il ne comprend pas les prérogatives qui s'exercent sur autrui, telles que le droit de jurisdiction, qui appartenait autrefois aux Maréchaux ; mais tout ce qui constitue l'état de la personne, tout ce qui tient à son existence personnelle, tout ce qui tend à relever l'éclat de sa place et de ses dignités, tout cela fait nécessairement partie des honneurs de cette place et de cette dignité.

Le droit d'être jugé par un Tribunal plus solennel, est certainement un honneur ; car c'est à la dignité de la place que ce privilége est attaché. Dirait-on que le droit des Pairs de France de n'être jugés que par la Chambre des Pairs, n'est pas un honneur ? Si on lui retranchait ce privilége, cette haute dignité perdrait évidemment un de ses plus honorables attributs.

D'ailleurs, il suffirait aux Maréchaux de France d'avoir été conservés dans le titre de leur dignité ; et quand la Charte n'aurait pas ajouté la conservation des honneurs qui en sont l'apanage, les Maréchaux n'en auraient pas moins le droit, en vertu de la Charte même, de ne pouvoir être jugés que par une Haute-cour de la nature de celle à laquelle, dans tous les tems, ils ont été soumis ; et il serait impossible de trouver, soit dans les lois anciennes, soit dans celles actuellement en vigueur, le plus léger prétexte de les considérer comme justiciables d'un Conseil de guerre.

Nous avons fait remarquer en effet que la Charte contient une autre disposition, celle de l'article 62, *Nul ne pourra être distrait de ses juges naturels ;* et l'article 63 ajoute : *Il ne pourra en conséquence être créé de commissions et de tribunaux extraordinaires.*

Arrêtons-nous à ces dispositions. Quels étaient, au moment de la charte, les juges naturels des Maréchaux de France ? Etait-ce un conseil de guerre ?

Non sans doute. La première loi nouvelle sur les conseils de guerre est du 13 brumaire an 5 ; elle ne concernait point les Généraux ; ce n'est que par une loi du 4 fructidor suivant qu'elle leur a été appliquée. Mais, à cette époque, les Maréchaux de France n'étaient point encore rétablis ; il n'existait que des Généraux. Le plus haut grade était celui de Général de division ; c'est à ce grade que le commandement en chef des armées était alors confié. Cette loi n'avait donc pas entendu soumettre, et il était impossible qu'elle soumît à ses dispositions un grade supérieur, ou plutôt une dignité éminente qui n'existait point encore.

Sept ans après, cette dignité fut rendue à son existence, à son ancien lustre ; elle fut rétablie, et elle le fut avec ses anciennes prérogatives. On sentit surtout qu'il n'eût pas été convenable de placer ce titre éminent sous l'empire des lois constitutives des conseils de guerre, et dans cette intention bien prononcée, en même tems qu'on recréa le titre, on fixa le tribunal qui seul aurait droit de traduire devant lui ceux qui en seraient décorés : ce tribunal fut une *Haute-Cour*.

Ainsi, puisqu'à côté de la nouvelle création des Maréchaux, se trouve l'expresse attribution d'un tribunal solennel et spé-cial, il est bien évident que, par leur création même, ils ont été affranchis de la juridiction des conseils de guerre.

Il faut donc conclure qu'en conservant aux Maréchaux *leurs juges naturels*, l'article 62 de la Charte les a maintenus dans le droit de ne pouvoir être traduits devant un conseil de guerre, et de ne reconnaître pour juges qu'une *Haute-Cour*.

Dira-t-on que la Haute-Cour n'existe plus ? Mais la dignité de Maréchal existe ; mais le privilége de n'être jugé que par une Haute-Cour subsiste dans toute sa force. Les Maréchaux y sont doublement maintenus par la Charte, qui leur conserve *leur titre , leurs honneurs et leurs juges naturels.*

De ce que la Haute-Cour n'a pas une existence de fait, il ne peut jamais résulter qu'en droit le privilége de n'être jugé que par une Haute-Cour se trouve anéanti. La seule conséquence serait que, pour l'exercice du privilége, il faudrait établir une Haute-Cour, ou indiquer tel autre Tribunal solennel qui, comme elle, pût représenter les Parlemens, seuls juges autre-fois des Maréchaux.

Il en résulterait encore moins que, par l'inexistence de cette Haute-Cour, les Maréchaux seraient devenus justiciables des Conseils de guerre ; car, de ce que le seul Tribunal qui a droit de les juger, serait dans l'impuissance de le faire, conclure qu'ils doivent être soumis à un autre Tribunal qui n'a jamais eu de pouvoir sur eux, la conséquence serait évidemment vicieuse.

Qu'est-ce , d'ailleurs, qu'un Conseil de guerre ? Ce n'est autre chose que la représentation de l'ancienne juridiction mili-taire que les Maréchaux exerçaient dans les camps et dans les armées. Le premier établissement régulier des Conseils de guerre ne paraît résulter que de l'ordonnance de Louis **XIV**, du 25 juillet 1665; et, certes, ce n'était pas pour juger les Maréchaux de France que ces Conseils furent créés alors. Aurait-on pu, en aucun cas, soumettre les Maréchaux à leur propre jurisdiction, à celle qui était inhérente à leurs offices, dont ils portaient foi et hommage au Roi, et qui n'était exercée qu'en leur nom et par leurs subordonnés? Il aurait fallu aller jusqu'à dire qu'un Seigneur haut-justicier pouvait être jugé au criminel par ses propres officiers, ce qui eût été le renversement de toutes les idées et de tous les principes.

Dans la Constitution actuelle des Conseils de guerre, un motif semblable d'incompétence se rencontre. S'il fallait admettre qu'un Maréchal de France pût y être traduit, il faudrait accorder du moins que la prééminence de son titre exigerait qu'il ne fût jugé que par ses Pairs; il faudrait donc que le Conseil de guerre fût entièrement composé de Maréchaux de France. Mais l'organisation actuelle s'y oppose : sur sept juges qu'elle exige, la loi existante n'en admet que quatre du même grade que l'accusé, et les trois autres sont d'un grade inférieur. Aussi a-t-on vu que cette loi n'a pas été faite pour les Maréchaux de France. Comment donc la leur appliquer?

Ajoutons qu'un Conseil de guerre, même *permanent*, n'est autre chose qu'une véritable Commission, lorsque les membres du Conseil peuvent être nommés et choisis au gré de l'autorité supérieure qui le convoque; la permanence n'est alors que dans la dénomination.

Ces considérations ramènent nécessairement au principe : de tout tems, le droit de n'être jugé que par une Haute-Cour a été inhérent à la dignité des Maréchaux. L'acte qui les a rétablis en l'an 12 leur a conservé le droit de n'être jugés que par une *Haute-Cour*. La Charte, en leur conservant *leurs grades*, *leurs honneurs*, *leurs juges naturels*, les a maintenus dans le droit de n'être jugés que par une *Haute-Cour*. Par cette série conservatrice, ils se trouvent replacés, quant au Tribunal qui a droit de les juger, dans la même position où ils ont été pendant tout le cours de la Monarchie.

Sous l'ancien régime de cette Monarchie, leur Haute-Cour était dans les Chambres des parlemens. Sous le Gouvernement intermédiaire, cette Haute-Cour avait une organisation différente. La Monarchie a repris heureusement ses droits. En les reprenant, le Monarque a maintenu ceux des Maréchaux de France ; mais cette Haute-Cour qui, seule, avait droit de les juger, les Parlemens n'existent plus ; et ce n'est pas à nous qu'il appartient d'indiquer comment ils peuvent être remplacés pour le jugement des Maréchaux : tout ce que nous pouvons résoudre, comme Jurisconsulte, c'est qu'un Conseil de guerre est incompétent pour prononcer sur leur sort.

Si cependant il fallait émettre une opinion sur ce point, nous observerions d'abord que, quand il s'agit d'un crime de *haute trahison*, la Charte a prononcé. L'article 33 porte : « La chambre des Pairs connaît des crimes de haute trahison » et des attentats à la sûreté de l'Etat, qui seront définis par » la loi ».

Cette attribution générale s'applique à toutes les personnes qui peuvent être accusées du crime de haute trahison ; elle les soumet toutes indistinctement au jugement de la chambre des Pairs.

Elle n'a rien de commun avec une autre attribution contenue dans l'article suivant 34, qui dit : « Aucun Pair ne peut être » arrêté que de l'autorité de la Chambre, et jugé que par » elle en matière criminelle ». Celle-ci est particulière aux membres de la chambre des Pairs ; elle s'applique uniquement à eux, et pour toutes les accusations dont ils peuvent être l'objet.

La première est à cause du délit, quelle que soit la personne.

La seconde est à cause de la personne, quel que soit le délit.

Dans le cas où un Maréchal serait accusé du crime de *haute trahison*, il devrait donc, ainsi que tout autre individu qui éprouverait la même accusation, être traduit devant la cour des Pairs, non pas à raison de sa personne, mais à raison de la nature du crime.

A la vérité, l'exécution de l'article 33 de la Charte est subordonnée à l'émission d'une loi qui définira les cas où cet article 33 devra être appliqué ; et cette loi n'a point encore été rendue : mais la règle de compétence n'en est pas moins certaine. L'unique objet de cette loi sera de déterminer à raison de quelles personnes, selon l'élévation de leur rang, et à raison de quels faits, selon leur gravité, la Chambre des Pairs devra se trouver investie du droit de juger : ce qui autorise à croire qu'un Maréchal de France, accusé de haute trahison, peut être considéré, dès à présent, à raison de sa dignité, comme étant déclaré par la Charte justiciable de la seule Chambre des Pairs.

A l'égard de tous autres délits, on rentre dans la question du privilége personnel à la qualité de Maréchal de France ; et en raisonnant par induction, on peut croire aussi que c'est encore devant la Chambre des Pairs qu'un Maréchal de France doit être traduit pour toute espèce de délit ; quoique, comme Maréchal de France, quand il n'est pas en même tems Pair, il ne soit pas compris dans le privilége personnel exprimé dans l'article 34.

Cette induction est fondée sur ce que le privilége personnel au Maréchal de France étant d'être jugé par une *Haute-Cour* qui tienne lieu pour lui *de toutes les Chambres assem-*

blées de l'ancien Parlement, ou qui remplace la *Haute-Cour*, que le Sénatus-Consulte du 28 floréal an 12 avait établie, il est naturel de chercher cette *Haute-Cour* dans le corps de l'État qui la représente le mieux, d'après la constitution actuelle de la monarchie. Or *la Chambre des Pairs* est certainement le corps actuel de l'État qui représente le mieux *les Chambres assemblées de l'ancien Parlement de Paris*, relativement au droit que les grands personnages de l'État avaient de n'être jugés au criminel que par les Chambres assemblées.

D'un autre côté, la Chambre des Pairs se trouve déjà établie *Haute-Cour* par la Charte même, puisque le jugement des accusations de haute trahison lui est attribuée par cette Charte, vis-à-vis de toutes personnes.

Au surplus, nous le répétons, nous n'entendons point résoudre les doutes qui peuvent exister sur cette question particulière : notre unique objet a été d'établir qu'un Conseil de guerre est un tribunal incompétent.

Or, cette incompétence nous paraît prouvée sous tous les rapports.

Le conseil de guerre est incompétent à l'égard des Maréchaux de France, parce qu'il n'a point été créé pour eux, parce qu'aucune jurisdiction ne lui a été attribuée sur le grade éminent qu'ils occupent,

Il est incompétent, parce qu'il offrirait l'exemple, inconciliable avec les principes et les usages de la monarchie, d'une des premières dignités de l'État jugée par ses inférieurs.

Il est incompétent, parce que, pendant huit siècles et jusqu'en 1790, il n'a jamais eu de pouvoir sur eux, et qu'il n'en a reçu aucun par les lois de brumaire et de fructidor an 5, créatrices des nouveaux conseils de guerre.

Il est incompétent, parce que les Maréchaux, au moment

de

de leur rétablissement, ont été expressément affranchis de sa jurisdiction, pour n'être soumis qu'à leur tribunal ancien et immémorial, ou du moins à un tribunal de même nature, une Haute-Cour.

Il est incompétent, enfin, parce qu'il n'a pas reçu du monarque plus de pouvoirs qu'il n'en tenait de l'ancien gouvernement; et qu'au contraire le monarque lui a impérieusement interdit, par la Charte constitutionnelle, d'étendre sa puissance sur les Maréchaux, en maintenant ceux-ci dans *leur titre, leurs honneurs et leurs juges naturels.*

Non-seulement les dispositions de la Charte sont expresses, mais il ne peut être permis de douter de l'intention qui les a dictées, si l'on considère que le Roi, dans le préambule de cette Charte, a pris soin d'expliquer lui-même que son désir a été *de réunir les tems anciens et les tems modernes.* Sans doute, c'est à la dignité de Maréchal de France que l'on doit appliquer sur-tout ce vœu de la sagesse du Roi. Il importait que ce beau titre, si glorieusement illustré dans tous les siècles de la monarchie, et dont nos guerriers modernes avaient si vaillamment soutenu l'éclat, fût transmis aux guerriers futurs, sans altération des honneurs et des attributs dont il fut décoré dans tous les tems. Chaque siècle peut avoir ses Turenne, ses Villars et ses Catinat; et convient-il que ceux qui, dans l'avenir, feront revivre ces grands noms, reçoivent le titre de Maréchal moins honoré, moins éclatant que lorsqu'il fut porté par leurs illustres devanciers?

Ces hautes considérations, puisées dans les inspirations même de la sagesse du Monarque, en expliquant les motifs des dispositions qui, dans la Charte, sont applicables aux Maréchaux, viennent prêter une nouvelle force à notre dé-

D

monstration, et nous autorisent à persister dans notre réso-
lution qu'un Conseil de guerre est absolument incompétent
pour juger un Maréchal de France.

*Délibéré à Paris ce 5 septembre 1815, par l'ancien Avocat
soussigné*, DELACROIX-FRAINVILLE.

TESTU, Imprimeur de LL. AA. SS. Mgr. le Duc D'ORLÉANS et
Mgr. le Prince de CONDÉ, rue Hautefeuille, n°. 13. (1815).